ORDONNANCE DU ROI,

Concernant le Corps royal de l'Artillerie.

Du 23 Août 1772.

DE PAR LE ROI.

SA MAJESTÉ ayant différé jusqu'à présent de publier son Ordonnance du 13 août 1765, concernant son Corps royal de l'Artillerie, pour s'assurer de l'utilité de son exécution: Et ayant reconnu que pour le bien de son service, il étoit à propos d'y faire quelques changemens; voulant aussi Sa Majesté, qu'il soit apporté le plus d'économie qu'il sera possible dans les dépenses relatives à l'entretien de ses Troupes; Elle a ordonné & ordonne ce qui suit:

ARTICLE PREMIER.

Conservation des sept Régimens.

LES sept régimens du Corps royal de l'Artillerie, qui avoient été établis par ladite Ordonnance du 13 août 1765, seront conservés; mais l'intention de Sa Majesté est qu'il y soit fait une réduction, ainsi qu'il sera expliqué.

2.

Leur dénomination. LESDITS régimens continueront d'être mis ſous la dénomination de régimens du Corps royal de l'Artillerie de *la Fère*, de *Metz*, de *Straſbourg*, de *Beſançon*, d'*Auxonne*, de *Grenoble* & de *Toul*.

Ils continueront de prendre dans l'Infanterie, le rang qu'ils y ont.

3.

Leur compoſition. CHACUN de ces régimens, ſera compoſé de deux bataillons, formés chacun de ſept compagnies de Canonniers, deux de Bombardiers & une de Sapeurs; chaque bataillon ſera diviſé en deux brigades, dont une ſera compoſée de la compagnie de Sapeurs, de trois de Canonniers & une de Bombardiers; l'autre brigade ſera également compoſée de cinq compagnies, dont quatre de Canonniers & une de Bombardiers.

4.

Création d'une compagnie de Mineurs. LES compagnies de Mineurs, continueront de faire partie du Corps royal de l'Artillerie : Et Sa Majeſté voulant qu'il en ſoit placé une à la ſuite de chaque régiment, il en ſera créé une ſeptième des ſix qui exiſtent actuellement.

Les compagnies d'Ouvriers, feront également partie du Corps royal, & feront attachées auxdits régimens, ſeulement pour l'avancement des Officiers; elles continueront d'être employées aux arſenaux de conſtruction, & généralement par-tout où le ſervice de Sa Majeſté pourra l'exiger.

5.

Compoſition des compagnies des régimens. CHACUNE des compagnies de Canonniers, de Bombardiers & de Sapeurs, ſera commandée en tout temps, par un Capitaine en premier, un Capitaine en ſecond, un Lieutenant en premier & un Lieutenant en ſecond; &

composée, savoir, chacune des compagnies de Canonniers & de Sapeurs, d'un Fourrier, trois Sergens, trois Caporaux, trois Appointés, six Canonniers ou Sapeurs de la première classe, douze de la seconde, six Apprentifs & un Tambour.

Et chacune des compagnies de Bombardiers, d'un Fourrier, trois Sergens, trois Caporaux, trois Appointés, trois Artificiers, trois Bombardiers de la première classe, douze de la seconde, six Apprentifs & un Tambour.

6.

Division des compagnies par escouades.

CHACUNE de ces compagnies, sera divisée en trois escouades, & chaque escouade sera de dix hommes, dont un Caporal & un Appointé, qui en seront les chefs continuels; l'Appointé étant cependant subordonné au Caporal.

Chaque escouade sera composée dans les compagnies de Canonniers & de Sapeurs, d'un Caporal, un Appointé, deux Canonniers ou Sapeurs de la première classe, quatre de la seconde & deux Apprentifs.

Et dans les compagnies de Bombardiers, d'un Caporal, un Appointé, un Artificier, un Bombardier de la première classe, quatre de la seconde & deux Apprentifs.

Chacune desdites escouades sera commandée par un Sergent, sous l'autorité des Officiers de la compagnie; il veillera à sa tenue & la maintiendra en bonne discipline & police; il rendra compte au Lieutenant en second, de tous les détails qui concerneront ladite escouade; le Lieutenant en second au Lieutenant en premier, celui-ci au Capitaine en second, ce dernier au Capitaine en premier qui le rendra à son supérieur, & ainsi de grade en grade jusqu'au Colonel.

Les Caporaux aideront au surplus les Sergens dans leurs fonctions; ils les remplaceront au besoin dans le commandement des escouades; ils pourront eux-mêmes être suppléés par les Appointés, si les circonstances l'exigent.

7.

Composition de l'État-major.

L'ÉTAT-MAJOR de chacun des régimens du Corps royal de l'Artillerie, sera composé d'un Colonel, un Lieutenant-colonel, un Major, deux Aides-major, deux Sous-aides-major, un Quartier-maître, deux Porte-drapeaux, un Trésorier, un Tambour-major, six Fifres ou Clarinets, un Aumônier & un Chirurgien.

8.

Choix des Officiers supérieurs.

LE service de l'Artillerie exigeant que les Officiers supérieurs du Corps royal, soient toujours des sujets distingués par leurs services, leurs talens & leurs connoissances: Et Sa Majesté voulant de plus en plus exciter l'émulation parmi eux; son intention est de choisir désormais entre tous les Officiers du Corps royal, ceux qu'Elle jugera les plus capables de bien remplir les charges de Colonel, de Lieutenant-colonel & de Major.

9.

Fonctions du Major.

SA MAJESTÉ ne voulant point que les détails de la majorité empêchent le Major de se perfectionner dans les différentes parties de l'Artillerie, Elle le dispense de suivre par lui-même les exercices de l'Infanterie, & d'entrer dans le détail des menues réparations & de l'entretien de la troupe, dont il se fera rendre compte par les Aides-major qui en feront chargés sous son inspection & sous l'autorité du Commandant du régiment; lesdits Aides-major aideront en outre le Major dans les autres fonctions de la majorité.

Fonctions des Aides-major.

Fonctions des Sous-aides-major.

Les Sous-aides-major aideront les Aides-major, & les suppléeront au besoin; ils feront chargés de rassembler les détails & les comptes que les Fourriers leur rendront de chaque compagnie, pour en faire leur rapport aux Aides-major.

10.

Les Capitaines dispensés

ÉTANT nécessaire qu'aucune occupation particulière ne puisse distraire les Officiers du Corps royal, de l'application l'application continuelle qu'ils doivent aux exercices de théorie & de pratique qui leur ſont preſcrits; Sa Majeſté veut bien diſpenſer les Capitaines en premier de veiller directement dans leur compagnie, aux objets qui concernent la tenue, la diſcipline & les exercices qui ont purement rapport au ſervice de l'Infanterie, & dont les Capitaines en ſecond & les Lieutenans ſeront chargés, ainſi que les Fourriers & les Sergens qui leur en rendront compte.

de veiller directement à la tenue de leur compagnie.

11.

Fonctions du Quartier-maître.

LE Quartier-maître de chaque régiment, ſera toujours tiré du corps des Fourriers; il aura rang de dernier Lieutenant en ſecond, & roulera ſuivant ſon ancienneté avec les Porte-drapeaux, ſans autre avancement; il commandera ſpécialement tous les Fourriers, & ſera chargé du logement, du campement, des diſtributions & autres fournitures relatives, ſupérieurement à eux.

12.

Rang & fonctions des Porte-drapeaux.

LES Porte-drapeaux ſeront tirés du corps des Sergens, rouleront pour l'ancienneté avec le Quartier-maître, ſans autre avancement, & n'auront d'autres fonctions que celles de porter les drapeaux, & d'aſſiſter aux exercices & à l'inſtruction des recrues.

13.

Fonctions des Tréſoriers; par qui nommés.

LES Tréſoriers ſeront pareillement chargés de l'adminiſtration des deniers de chaque régiment; ils ſeront préſentés par les Majors, qui en ſeront reſponſables, & propoſés par les Colonels, au Secrétaire d'État ayant le département de la guerre.

14.

Établiſſement d'une Caiſſe.

TOUT l'argent de la ſolde ou de toute autre partie qui appartiendra à chaque régiment, à l'exception de celui des Maſſes pour l'habillement, ſera remis tous les mois au Tréſorier, pour être renfermé dans une caiſſe dont il aura la régie ſubordonnément au Major, ſous l'autorité du Commandant du régiment.

15.

Trois clefs à ladite caisse.

CETTE caiſſe aura trois ſerrures, dont les trois clefs ſeront entre les mains, l'une du Colonel, & en ſon abſence, en celles du Commandant du régiment; la deuxième entre les mains du Major, & la troiſième en celles du Tréſorier, de manière que ladite caiſſe ne puiſſe jamais s'ouvrir qu'en préſence de ces trois perſonnes. Entend Sa Majeſté que cette caiſſe ſoit dépoſée avec les drapeaux chez le Commandant du régiment.

16.

IL y aura toujours dans la caiſſe de chaque régiment, un état des fonds qui y ſeront mis, & un état de ceux qui en ſeront tirés, avec les cauſes de recette & de dépenſe; ces états ſeront ſignés du Commandant du régiment, du Major & du Tréſorier: il en ſera remis un double au Major, & il en ſera envoyé une expédition tous les mois au Secrétaire d'État de la guerre.

17.

Fonctions du Tambour-major; par qui nommé.

LE Tambour-major veillera ſur la conduite & la diſcipline preſcrites parmi les Tambours & les Muſiciens; il aura rang de Sergent, & jouira des mêmes droits & prérogatives des autres Sergens. Il ſera propoſé par le Major au Colonel qui le nommera.

18.

Choix des Porte-drapeaux.

LES Porte-drapeaux devant être tirés du corps des Fourriers ou Sergens, lorſqu'il viendra à vaquer une de ces places, les Officiers de l'État-major s'aſſembleront chez le Lieutenant-colonel, pour, avec lui, choiſir à la pluralité des voix trois ſujets qu'ils croiront les plus propres à remplir la place vacante; le Lieutenant-colonel les préſentera au Colonel du régiment qui choiſira un des trois ſujets préſentés, & le propoſera au Secrétaire d'État ayant le département de la guerre, qui en rendra compte à Sa Majeſté: obſervant cependant de ne pas comprendre dans ce choix des Sergens ou Fourriers convaincus d'avoir déferté, ou qui auroient été caffés, quoiqu'ils euffent été rétablis par la fuite, quelques talens qu'ils aient d'ailleurs; Sa Majefté voulant que ceux qui fe trouveront dans l'un de ces deux cas, foient exclus pour toujours de parvenir au grade d'Officier.

19.

Choix du Quartier-maître.

LES mêmes formalités s'obferveront pour le choix du Quartier-maître, lorfque la place viendra à vaquer.

20.

Choix des Sergens & Fourriers.

SA MAJESTÉ trouvant convenable au bien de fon fervice, que les places de Fourrier, Sergens & Caporaux ne foient remplies que par des fujets fages, intelligens, & qui aient le talent, en inftruifant le Soldat, de s'en faire refpecter & obéir; & voulant en même temps expliquer fes intentions fur la manière dont il fera procédé à l'avenir au choix defdits bas Officiers; Elle a réglé que, lorfqu'il vaquera une place de Fourrier ou de Sergent dans une compagnie, le Fourrier & le plus ancien Sergent de chaque compagnie du bataillon dans lequel la place fera vacante, s'affembleront pour indiquer fix des fujets dudit bataillon, qu'ils croiront les plus propres à être faits Sergens; ils en porteront l'état au Major, lequel affemblera chez lui les Officiers de la compagnie dans laquelle la place fera vacante, pour choifir, à la pluralité des voix, trois fujets du nombre des fix propofés; le Major les préfentera au Commandant du régiment, qui nommera celui des trois qu'il jugera le plus propre à remplir la place vacante.

Lorfque plufieurs compagnies fe trouveront détachées enfemble, les Sergens de ces compagnies s'affembleront de même, ainfi que les Officiers, pour procéder à la nomination des trois fujets fur lefquels le Commandant defdites compagnies prendra les ordres du Commandant du régiment, s'il eft à portée de le faire.

Si le détachement n'étoit compofé que d'une compagnie,

& qu'il y eût une place de Sergent vacante, les autres Sergens indiqueront au Commandant de la compagnie le nombre de sujets ci-dessus prescrit, & le Commandant assemblera chez lui les autres Officiers de la compagnie, pour en choisir trois sur lesquels il prendra de même les ordres du Commandant du régiment, s'il en est à portée.

Si dans l'un ou l'autre de ces deux cas, les détachemens se trouvoient trop éloignés; comme alors le Commandant desdits détachemens ne se trouveroit pas à portée de prendre les ordres du Commandant du régiment, il feroit élire trois sujets, & il choisiroit & installeroit celui des trois qu'il croiroit mériter la préférence.

21.

Choix des Caporaux.

LORSQU'IL vaquera une place de Caporal ou d'Artificier, le Fourrier, les Sergens & les deux anciens Caporaux de la compagnie où la place sera vacante, s'assembleront chez leur Capitaine pour élire trois sujets de ladite compagnie; le Capitaine en choisira un des trois, & le fera agréer par le Commandant du régiment, ayant attention dans ces élections de donner (à mérite égal) la préférence à l'ancienneté.

22.

Choix des Appointés & Hautes-payes.

LES places d'Appointés appartiendront de droit aux plus anciens Canonniers, Artificiers, Bombardiers ou Sapeurs de chaque compagnie; à l'égard de celles de Canonniers, Bombardiers & Sapeurs de la première classe, ils seront pris dans la compagnie où la place sera vacante parmi ceux de la seconde classe: les Officiers de ladite compagnie, examineront le plus ancien des Soldats de la seconde classe; & s'il est jugé en état de bien remplir les fonctions de chef de pièce, la place vacante dans la première classe lui sera donnée; à son défaut, le second sera examiné, & ainsi de suite, jusqu'à ce qu'il en soit trouvé un en état d'occuper ladite place.

23.

Les Fourriers seront subordonnés au Quartier-maître; ils seront chargés, sous ses ordres, du détail de toutes les subsistances, des distributions, du logement, du campement, & de la propreté du quartier & du camp: Ils auront le rang & l'autorité sur les Sergens, avec lesquels ils ne feront point le service; mais ils les suppléeront à la guerre & aux écoles pour commander une escouade, lorsque les circonstances l'exigeront, & qu'il leur sera ordonné de le faire.

Fonctions & autorité des Fourriers.

24.

Sa Majesté confirme, par la présente Ordonnance, les dispositions contenues dans celle du 9 décembre dernier, concernant les récompenses & marques distinctives qui sont accordées aux anciens Canonniers, Bombardiers, Sapeurs, Mineurs & Ouvriers du Corps royal de l'Artillerie.

25.

Indépendamment du nombre d'Officiers attachés aux sept régimens du Corps royal, Sa Majesté en entretiendra d'autres dans les places, dans les écoles, dans les forges, fonderies & manufactures d'armes: Ces Officiers continueront de faire partie du Corps royal, & Sa Majesté se réserve de les faire rentrer dans les régimens, & d'en faire passer d'autres desdits régimens à leur place, lorsque les circonstances l'exigeront pour le bien de son service & pour l'avancement desdits Officiers.

Officiers employés dans les places.

26.

Sa Majesté se réserve pareillement, d'employer aux armées les Officiers détachés dans les provinces de son royaume, quand Elle le jugera convenable au bien de son service.

Pourront être employés aux armées.

27.

Tous les Officiers du Corps royal, détachés aux armées ou dans les places, jouiront des mêmes honneurs, autorités & prérogatives attribués à ceux qui seront attachés aux régimens dudit Corps.

Jouiront des mêmes honneurs que les autres Officiers du Corps.

28.

Ordre à observer pour l'avancement des Officiers.

LES Lieutenans en premier & en second, ne rouleront pour leur avancement que dans leur régiment; les Capitaines en second, ne rouleront de même que dans le régiment auquel ils seront attachés pour monter aux compagnies : Sa Majesté n'entend cependant accorder des grades à l'ancienneté, qu'autant que le mérite y sera joint; les Capitaines en premier, les Majors, Lieutenans-colonels & Colonels, rouleront sur tout le Corps pour passer à des grades supérieurs.

29.

Supression des Chefs de Brigade.

SA MAJESTÉ ayant établi cinq chefs de Brigade par régiment, auxquels Elle attribuoit différentes fonctions, ainsi que le grade de Major, & ayant reconnu depuis le peu d'utilité de ces places pour son service, Elle a jugé à propos de les supprimer, laissant cependant jouir les Officiers qui en étoient pourvus, des appointemens qui y étoient attachés, jusqu'à ce qu'ils soient nommés à des emplois supérieurs dans le Corps royal : Sa Majesté se réservant, en attendant, de les employer plus utilement en les attachant à des compagnies, ou en les détachant dans des places pour le service de l'Artillerie, lorsque les circonstances pourront l'exiger : Elle veut & entend que les quatre plus anciens Capitaines de chaque régiment de son Corps royal, soient dorénavant chargés du détail des quatre brigades qui sont établies par la présente Ordonnance, dans chacun de ces régimens.

30.

Suppression d'un Lieutenant en premier par compagnie.

Établissement d'un Capitaine en second par compagnie.

SA MAJESTÉ supprime aussi une des places de Lieutenant en premier dans chaque compagnie des sept régimens de son Corps royal; mais Elle y établit en même temps un Capitaine en second, ce qui sera le nombre de vingt par régiment, au lieu de onze qui s'y trouvoient attachés. Après avoir complété ce nombre, en prenant parmi les plus anciens Lieutenans en premier, ceux qui doivent monter à ces places, & complété de même celui de vingt Lieutenans en premier, à raiſon d'un par compagnie, Sa Majeſté veut & entend, que ceux qui ſe trouveront ſupprimés, jouiſſent de leurs appointemens & reſtent attachés à leur régiment juſqu'à ce qu'ils y ſoient remplacés.

31.

Suppreſſion des Garçons-major.

LE deuxième Lieutenant en ſecond de chaque compagnie, qui avoit été tiré du corps des Sergens pour faire les fonctions de Garçon-major, ſera également ſupprimé; Sa Majeſté en réſerve ſeulement deux par régiment, pour remplir les places de Porte-drapeaux, ainſi qu'il eſt dit à l'article 12 de la préſente Ordonnance: ceux qui reſteront ſupprimés, jouiront de leurs appointemens, & demeureront attachés à leur régiment, juſqu'à ce qu'il plaiſe à Sa Majeſté d'en diſpoſer pour des places de Gardes d'Artillerie, d'Officiers de Canonniers invalides, ou de toutes autres qui pourront les rendre encore plus utiles à ſon ſervice.

32.

Suppreſſion de l'École des Élèves à Bapaume.

AU moyen des Officiers ſupprimés, dont il a été parlé ci-deſſus, leſquels attendront leur remplacement, le Corps royal ſe trouvera ſuffiſamment & pour long-temps pourvu d'Officiers; cette circonſtance a déterminé Sa Majeſté à ſupprimer l'école de Bapaume, ainſi que les Élèves, les Aſpirans, les Profeſſeurs & autres, qui y ſont employés: ladite ſuppreſſion aura lieu le 1.er du mois d'Octobre prochain; & Sa Majeſté a réglé, pour chaque Élève, une gratification de deux cents livres, pour leur donner le moyen de ſe rendre dans leur famille.

Les Élèves ſortant de l'École royale militaire, ne ſeront point compris dans cette ſuppreſſion; & Sa Majeſté donnera des ordres pour les faire paſſer dans les écoles des régimens où ils continueront de jouir des quatre cents quatre-vingts livres d'appointemens qui leur ſont attribués.

Les Officiers attachés à ladite école de Bapaume, seront employés dans le Corps, suivant leur grade.

33.

Aspirans admis aux anciennes Écoles.

SA MAJESTÉ permet de recevoir six Aspirans dans chacune des anciennes écoles qui sont établies pour les sept régimens; ils seront admis aux instructions de théorie & de pratique, & même au service de l'Infanterie & de l'Artillerie, ce qui deviendra toujours une ressource pour eux, dans tout autre Corps que celui de l'Artillerie, si les circonstances ne leur permettent pas d'y être placés; ces Aspirans seront proposés par les Commandans d'école, ou les Colonels des régimens, qui auront soin de s'assurer auparavant s'ils ont au moins quatorze ans, s'ils sont nés de famille noble, ou fils d'Officiers; s'ils sont bien conformés de taille & de figure, & de constitution propre à soutenir les fatigues du service de l'Artillerie; lorsque ces Aspirans seront suffisamment instruits, Sa Majesté leur fera indiquer une des écoles où Elle jugera à propos de les faire examiner.

34.

Composition des compagnies de Mineurs.

CHACUNE des sept compagnies de Mineurs, sera réduite de soixante-dix hommes, à cinquante; & composée d'un Fourrier, trois Sergens, six Caporaux, six Appointés, onze Mineurs, vingt-deux Apprentifs & un Tambour: elles seront commandées chacune par un Capitaine en premier, un Capitaine en second, deux Lieutenans en premier, & un Lieutenant en second. Le second Lieutenant en second, qui avoit été tiré du corps des Sergens, sera supprimé & éteint, de même que dans les régimens; lesdites compagnies ne devant plus être réunies, leur école d'instruction, ainsi que leur État-major, seront supprimés à dater du 1.er du mois d'Octobre prochain.

Suppression de l'École & de l'État-major des compagnies de Mineurs.

35.

Réduction du nombre d'hommes des compagnies d'Ouvriers.

LES neuf compagnies d'Ouvriers, qui étoient de soixante-un hommes, seront réduites à quarante; & composées chacune

chacune d'un Fourrier, trois Sergens, trois Caporaux, trois Appointés, vingt-neuf Ouvriers, dont douze de la première claſſe, dix de la ſeconde, ſept Apprentifs & un Tambour : elles ſeront commandées chacune par un Capitaine en premier, un Capitaine en ſecond, un Lieutenant en premier, & un Lieutenant en ſecond. Les Lieutenans en ſecond qui avoient été tirés des Sergens, ſeront ſupprimés & éteints, ainſi que ceux des régimens; ces compagnies feront partie du Corps, ainſi qu'il eſt dit à l'article 4, & ſeront aux ordres des Officiers du Corps royal, qui commanderont dans les départemens ou réſidences auxquelles elles ſeront attachées.

36.

Formation des compagnies de Mineurs en eſcouades.

CHAQUE compagnie de Mineurs ſera formée de ſix eſcouades; les trois premières compoſées d'un Caporal, un Appointé & ſix Mineurs; les trois dernières d'un Caporal, un Appointé & cinq Mineurs.

37.

Formation des compagnies d'Ouvriers en eſcouades.

LES compagnies d'Ouvriers ſeront formées de quatre eſcouades, dont deux des Ouvriers en fer & les deux autres d'Ouvriers en bois.

38.

Choix des Fourriers, Sergens, &c. des compagnies de Mineurs & d'Ouvriers.

LES Fourriers, Sergens, Caporaux & Appointés des compagnies de Mineurs & Ouvriers, ſeront choiſis dans chaque compagnie, avec les mêmes formalités que ceux des compagnies des régimens, lorſqu'elles ſe trouveront détachées, en prenant ſeulement l'agrément du Commandant du régiment pour celle des Mineurs, & celui du Commandant au département ou à la réſidence, pour celle d'Ouvriers qui s'y trouvera alors attachée.

39.

Soldats excédans, conſervés à la ſuite des compagnies.

TOUS les bas Officiers, Canonniers, Bombardiers, Sapeurs, Mineurs & Ouvriers, qui ſe trouveront excédans à la compoſition preſcrite par la préſente Ordonnance, ſeront conſervés en qualité de ſurnuméraires à la ſuite des compagnies auxquelles ils étoient attachés; ils continueront de jouir de leur solde actuelle, jusqu'à ce qu'ils soient remplacés dans leur grade; voulant Sa Majesté, qu'ils contribuent avec les Soldats de la compagnie, à tout le service auquel ils étoient assujettis lorsqu'ils en faisoient partie.

40.

Les Officiers rentreront dans les régimens, pour parvenir aux grades supérieurs.

LES Officiers qui auront eu des compagnies de Mineurs & d'Ouvriers, pourront repasser dans les régimens pour y exercer les charges de Lieutenant-colonel & de Colonel: les Lieutenans d'Ouvriers qui parviendront au grade de Capitaine, seront attachés de préférence, comme Capitaines en second, à la suite des écoles, pour y reprendre les exercices dont ils auront été privés par leur service dans les Ouvriers.

41.

Places de Gardes d'Artillerie, à qui données.

LES emplois de Gardes-magasins d'Artillerie qui vaqueront, ainsi que ceux d'Artificiers dans les places, seront remplis par les Officiers de fortune supprimés, par des Sergens choisis dans le Corps royal d'Artillerie; ou enfin, par des Conducteurs de charrois, choisis de même parmi ceux qui auront servi à la suite des équipages employés aux armées, ou auront été attachés aux écoles. Les Officiers qui occuperont les places d'Artificiers, auront le titre d'Officiers de Bombardiers attachés auxdites places.

42.

Places d'Officiers des Invalides du Corps royal, à qui données.

SA MAJESTÉ ayant créé huit compagnies de Soldats invalides, tirés du Corps royal de l'Artillerie, Elle veut & ordonne que les Lieutenances desdites compagnies, à mesure qu'elles viendront à vaquer, soient remplies par les Garçons-major supprimés, ou par les Quartiers-maîtres & Porte-drapeaux du Corps royal; & ensuite par des Sergens, d'après le compte qui en sera rendu annuellement au Secrétaire d'État ayant le département de la guerre.

43.

SA MAJESTÉ fe réferve d'accorder le rang de Colonel à quelques-uns des anciens Lieutenans-colonels, celui de Lieutenant-colonel à quelques-uns des anciens Majors ou Capitaines, & la commiffion de Capitaine à quelques-uns des anciens Lieutenans, lorfque ces Officiers par leur mérite, leurs talens & leurs fervices, fe feront rendus fufceptibles de cette diftinction.

Promotion pour l'ancienneté & le mérite.

44.

AU moyen de ce qui a été réglé ci-deffus, le Corps royal d'Artillerie fe trouvera dorénavant compofé des Officiers ci-après:

Compofition totale du Corps royal.

SAVOIR;

Un Directeur général.
Sept Chefs de départemens généraux.
Sept Commandans d'écoles.
Sept Colonels de régimens.
Vingt-trois Colonels-directeurs.
Sept Lieutenans-colonels de régimens.
Vingt-trois Lieutenans-colonels, Sous-directeurs, & quatre Infpecteurs aux manufactures d'armes.
Sept Majors.
Quatorze Aides-major.
Quatorze Sous-aides-major.
Trente-cinq Capitaines en premier, attachés aux réfidences des places, & vingt par régiment, non compris fept des compagnies de Mineurs & neuf de celles d'Ouvriers.
Vingt Capitaines en fecond par régiment, non compris fept de Mineurs & neuf d'Ouvriers.
Vingt Lieutenans en premier par régiment, non compris quatorze de Mineurs & neuf d'Ouvriers.
Vingt Lieutenans en fecond par régiment, non compris fept de Mineurs & neuf d'Ouvriers.
Quatorze Porte-drapeaux & fept Quartiers-maîtres:

Faifant en tout, indépendamment du Directeur général,

le nombre de huit cents Officiers, qui suffiront pour le service de l'Artillerie de terre, tant en temps de paix qu'en temps de guerre. C'est aussi ce qui détermine Sa Majesté à laisser éteindre entièrement & sans aucune vue de rétablissement, les places qu'Elle a jugé à propos de supprimer.

45.

Fonctions du Directeur général.

LE Directeur général prendra connoissance de toutes les parties de l'Artillerie; il sera chargé de faire les revues des régimens du Corps royal, des compagnies de Mineurs & d'Ouvriers, l'examen des écoles, des fonderies, la visite des manufactures d'armes, des arsenaux de construction, des forges où se fabriquent les fers coulés, & toute autre inspection dont il pourra être chargé par ses instructions; il en rendra compte au Secrétaire d'État ayant le département de la guerre, ainsi que des détails qu'il pourroit recevoir des chefs de départemens généraux.

46.

Fonctions des Chefs de départemens généraux.

LES chefs de départemens généraux feront toutes les années, la visite des places de leurs départemens, dont ils rendront compte au Secrétaire d'État ayant le département de la guerre; & dans le cas où ils feront des revues de troupes du Corps royal, des compagnies de Mineurs & d'Ouvriers, d'écoles & autres, dont ils pourroient être chargés par leurs instructions, ils en rendront compte au Directeur général du corps.

47.

Rétablissement des Chefs de départemens généraux.

LES Inspecteurs généraux seront désormais sous la dénomination de Chefs de départemens généraux; & Sa Majesté voulant que le nombre en soit fixé à sept, le premier des huit Inspecteurs existans actuellement, qui viendra à manquer, ne sera point remplacé; les appointemens de ces chefs de départemens, seront fixés ci-après, ils jouiront, suivant leur grade, des honneurs attribués aux Inspecteurs généraux des troupes, lors de leur tournée, & dans le lieu de la résidence qui leur sera assignée. Les Capitaines

Capitaines chargés du détail de l'Artillerie dans les places, en rendront compte aux Directeurs, ceux-ci aux chefs des départemens généraux dans lesquels ils seront employés.

Les Commandans des écoles & les Commandans des troupes du corps, les Officiers préposés aux manufactures d'armes, aux arsenaux, aux fonderies & aux forges, rendront compte au Directeur général.

48.

Distribution des départemens généraux.

IL y aura sept départemens généraux,

SAVOIR;

Le département de la Flandre, du Haynault, de l'Artois, de la Picardie, du Soissonnois & du Boulonois:

Le département des Évêchés & de la Lorraine:

Le département de l'Alsace & de la Comté:

Le département du Dauphiné, de la Provence & de la Corse:

Le département du Languedoc & du Roussillon:

Le département de la Guyenne & du pays d'Aunis:

Le département de la Bretagne & de la Normandie.

49.

Commissaires du Corps royal, réduits.

SA MAJESTÉ avoit créé par son Ordonnance du 6 avril 1757, des Commissaires des guerres & du Corps royal de l'Artillerie, pour tenir lieu des Commis-contrôleurs qui étoient alors attachés à tous les grands départemens de son Artillerie; & jugeant que les onze Commissaires qui ont été établis par ladite Ordonnance, suffisent pour le travail dont ils sont chargés, Elle veut & entend qu'ils soient réduits à l'avenir au même nombre de onze; Elle entend aussi que les Commissaires ordinaires des guerres, qui se trouveront dans les places où les régimens du Corps royal seront en garnison, & où il n'y aura pas de Commissaires dudit corps, soient chargés de la police & des revues desdits régimens, dont ils rendront compte au Secrétaire d'État ayant le département de la guerre, comme ils le feroient d'un régiment d'Infanterie qui se trouveroit ſous leur police. Sa Majeſté aſſignera aux Commiſſaires du Corps royal les lieux de leur réſidence, & Elle veut que ceux qui ſont actuellement en exercice, en continuent les fonctions; mais ſon intention eſt qu'il ne ſoit point nommé aux places qui viendront à vaquer, juſqu'à ce que le nombre en ſoit réduit à celui de onze, ainſi qu'il eſt preſcrit.

50.

Solde ou Appointemens en paix & en guerre.

LES mêmes conſidérations qui ont porté Sa Majeſté à régler aux troupes de ſon Infanterie, une paye de paix & une paye de guerre, l'ont auſſi engagée à accorder le même traitement en proportion aux ſept régimens de ſon Corps royal de l'Artillerie, ainſi qu'aux compagnies de Mineurs & d'Ouvriers, & aux Officiers des départemens généraux, des écoles & des directions, ſoit en campagne, ſoit dans les places; en conſéquence Elle veut que les appointemens & ſolde leur ſoient payés ſur le pied par jour.

SAVOIR;

OFFICIERS DES COMPAGNIES.	EN TEMPS DE PAIX.			EN TEMPS DE GUERRE.		
	Par jour.	Par mois.	Par an.	Par jour.	Par mois.	Par an.
A chacun des quatre plus anciens Capitaines de Canonniers de chaque régiment, chargés du détail des brigades, ſept livres dix ſous en paix; & dix livres cinq ſous ſix deniers deux tiers en guerre, ci.	7l 10s //d	225l //s //d	2700l	10l 5s 6d $\frac{2}{3}$	308l 6s 8d	3700l
A chacun des dix autres Capitaines de Canonniers, ſix livres treize ſous quatre deniers en paix; & neuf livres huit ſous dix deniers deux tiers en guerre, ci.	6.13. 4	200. // //	2400.	9. 8.10$\frac{2}{3}$	283. 6. 8	3400.
A chacun des quatre Capitaines de Bombardiers, ſix livres deux ſous deux deniers deux tiers en paix; & huit livres dix-ſept ſous neuf deniers un tiers en guerre, ci.	6. 2. 2$\frac{2}{3}$	183. 6. 8	2200.	8.17. 9$\frac{1}{3}$	266.13. 4	3200.
A chacun des deux Capitaines de Sapeurs, cinq livres onze ſous un denier un tiers en paix; & huit livres ſix ſous huit deniers en guerre, ci..	5.11. 1$\frac{1}{3}$	166.13. 4	2000.	8. 6. 8	250. // //	3000.
Aux plus anciens Capitaines de Mineurs & d'Ouvriers, ſept livres						

	EN TEMPS DE PAIX.			EN TEMPS DE GUERRE.		
	Par jour.	Par mois.	Par an.	Par jour.	Par mois.	Par an.
dix sous en paix; & dix livres cinq sous six deniers deux tiers en guerre, ci.	7l 10s ″d	225l ″s ″d	2700l	10l 5s 6d $\frac{2}{3}$	308l 6s 8d	3700l
A chacun des autres Capitaines de Mineurs & d'Ouvriers, six livres treize sous quatre deniers en paix; & neuf livres huit sous dix deniers deux tiers en guerre, ci.	6.13. 4	200. ″ ″	2400.	9. 8.10 $\frac{2}{3}$	283. 6. 8	3400.
A chacun des Capitaines en second des régimens, Mineurs & Ouvriers, trois livres quinze sous en paix; & cinq livres onze sous un denier un tiers en guerre, ci. .	3.15. ″	112.10. ″	1350.	5.11. 1 $\frac{1}{3}$	166.13. 4	2000.
A chacun des Lieutenans en premier des régimens, Mineurs & Ouvriers, deux livres dix sous en paix; & trois livres douze sous deux deniers deux tiers en guerre, ci. .	2.10. ″	75. ″ ″	900.	3.12. 2 $\frac{2}{3}$	108. 6. 8	1300.
A chacun des Lieutenans en second des régimens, Mineurs & Ouvriers, deux livres en paix; & deux livres seize sous huit deniers en guerre, ci	2. ″ ″	60. ″ ″	720.	2.16. 8	85. ″ ″	1020.
COMPAGNIES *DE CANONNIERS, BOMBARDIERS ET SAPEURS.*						
A chaque Fourrier, une livre dix sous en paix; & une livre dix sous six deniers en guerre, ci. . .	1.10. ″	45. ″ ″	540.	1. 10. 6	45.15. ″	549.
A chaque Sergent, une livre dix deniers en paix, & une livre un sou deux deniers en guerre, ci.	1. ″ 10	31. 5. ″	375.	1. 1. 2	31.15. ″	381.
A chaque Caporal, quatorze sous huit deniers en paix; & quinze sous en guerre, ci.	″ 14. 8	22. ″ ″	264.	″ 15. ″	22.10. ″	270.
A chaque Appointé, onze sous huit deniers en paix; & douze sous en guerre, ci.	″ 11. 8	17.10. ″	210.	″ 12. ″	18. ″ ″	216.
A chaque Artificier, dix sous huit deniers en paix, & onze sous en guerre, ci.	″ 10. 8	16. ″ ″	192.	″ 11. ″	16.10. ″	198.
A chaque Canonnier, Bombardier & Sapeur de la première classe, neuf sous huit deniers en paix, & dix sous en guerre, ci.	″ 9. 8	14.10. ″	174.	″ 10. ″	15. ″ ″	180.

	EN TEMPS DE PAIX.			EN TEMPS DE GUERRE.		
	Par jour.	Par mois.	Par an.	Par jour.	Par mois.	Par an.
A chaque Canonnier, Bombardier & Sapeur de la ſeconde claſſe, ſept ſous deux deniers en paix; & ſept ſous ſix deniers en guerre, ci.	″l 7s 2d	10l 15s ″d	129l	″l 7s 6d	11l 5s ″d	135l
A chaque Apprentif, ſix ſous deux deniers en paix; & ſix ſous ſix deniers en guerre, ci......	″ 6. 2	9. 5. ″	111.	″ 6. 6	9.15. ″	117.
A chaque Tambour, neuf ſous huit deniers en paix; & dix ſous en guerre, ci..............	″ 9. 8	14.10. ″	174.	″ 10. ″	15. ″ ″	180.
COMPAGNIES DE MINEURS.						
A chaque Fourrier, une livre dix ſous en paix; & une livre dix ſous ſix deniers en guerre, ci.......	1.10. ″	45. ″ ″	540.	1.10. 6	45.15. ″	549.
A chaque Sergent, une livre dix deniers en paix; & une livre un ſou deux deniers en guerre, ci.....	1. ″ 10	31. 5. ″	375.	1. 1. 2	31.15. ″	381.
A chaque Caporal, quatorze ſous huit deniers en paix; & quinze ſous en guerre, ci..............	″ 14. 8	22. ″ ″	264.	″ 15. ″	22.10. ″	270.
A chaque Appointé, onze ſous huit deniers en paix; & douze ſous en guerre, ci..............	″ 11. 8	17.10. ″	210.	″ 12. ″	18. ″ ″	216.
A chaque Mineur, dix ſous huit deniers en paix, & onze ſous en guerre, ci..............	″ 10. 8	16. ″ ″	192.	″ 11. ″	16.10. ″	198.
A chaque Apprentif, ſept ſous deux deniers en paix; & ſept ſous ſix deniers en guerre, ci.......	″ 7. 2	10.15. ″	129.	″ 7. 6	11. 5. ″	135.
A chaque Tambour, neuf ſous huit deniers en paix, & dix ſous en guerre, ci..............	″ 9. 8	14.10. ″	174.	″ 10. ″	15. ″ ″	180.
COMPAGNIES D'OUVRIERS.						
A chaque Fourrier, une livre dix ſous en paix, & une livre dix ſous ſix deniers en guerre, ci...	1.10. ″	45. ″ ″	540.	1.10. 6	45.15. ″	549.
A chaque Sergent, une livre dix deniers en paix; & une livre un ſou deux deniers en guerre, ci......	1. ″ 10	31. 5. ″	375.	1. 1. 2	31.15. ″	381.
A chaque Caporal, dix-huit ſous deux deniers en paix; & dix-huit ſous ſix deniers en guerre, ci...	″ 18. 2	27. 5. ″	327.	″ 18. 6	27.15. ″	333.

A chaque

	EN TEMPS DE PAIX.			EN TEMPS DE GUERRE.		
	Par jour.	Par mois.	Par an.	Par jour.	Par mois.	Par an.
A chaque Appointé, seize sous deux deniers en paix ; & seize sous six deniers en guerre, ci......	″^{l} 16^s 2^d	24^l 5^s ″^{d}	291^l	″^{l} 16^s 6^d	24^l 15^s ″^{d}	297^l
A chaque Ouvrier de la première classe, quinze sous deux deniers en paix ; & quinze sous six deniers en guerre, ci................	″ 15. 2	22.15. ″	273.	″ 15. 6	23. 5. ″	279.
A chaque Ouvrier de la seconde classe, douze sous deux deniers en paix ; & douze sous six deniers en guerre, ci................	″ 12. 2	18. 5. ″	219.	″ 12. 6	18.15. ″	225.
A chaque Apprentif, dix sous deux deniers en paix ; & dix sous six deniers en guerre, ci......	″ 10. 2	15. 5. ″	183.	″ 10. 6	15.15. ″	189.
A chaque Tambour, neuf sous huit deniers en paix ; & dix sous en guerre, ci................	″ 9. 8	14.10. ″	174.	″ 10. ″	15. ″ ″	180.
ÉTAT-MAJOR ***DES RÉGIMENS.***						
Au Colonel de chaque régiment, treize livres dix-sept sous neuf deniers un tiers en paix ; & vingt-sept livres quatre sous cinq deniers un tiers en guerre, ci................	13.17. $9\frac{1}{3}$	416.13. 4	5000.	27. 4. $5\frac{1}{3}$	816.18. 4	9800.
Traitement attaché au Commandement des régimens, quatre livres trois sous quatre deniers, ci.....	4. 3. 4	125. ″ ″	1500.			
Au Lieutenant-colonel, onze livres deux sous deux deniers deux tiers en paix ; & quatorze livres dix-sept sous neuf deniers un tiers en guerre, ci..............	11. 2. $2\frac{2}{3}$	333. 6. 8	4000.	14.17. $9\frac{1}{3}$	446.13. 4	5360.
Au Major, dix livres en paix ; & treize livres dix-sept sous neuf deniers un tiers en guerre, ci...	10. ″ ″	300. ″ ″	3600.	13.17. $9\frac{1}{3}$	416.13. 4	5000.
A chaque Aide-major, six livres en paix ; & dix livres trois sous quatre deniers en guerre, ci....	6. ″ ″	180. ″ ″	2160.	10. 3. 4	305. ″ ″	3660.
A chaque Sous-aide-major, trois livres en paix ; & cinq livres cinq sous six deniers deux tiers en guerre, ci................	3. ″ ″	90. ″ ″	1080.	5. 5. $6\frac{2}{3}$	158. 6. 8	1900.
Au Quartier-maître & à chacun des Porte-drapeaux, deux livres en paix ; & quatre livres trois sous quatre deniers en guerre, ci.........	2. ″ ″	60. ″ ″	720.	4. 3. 4	125. ″ ″	1500.

	EN TEMPS DE PAIX.			EN TEMPS DE GUERRE.		
	Par jour.	Par mois.	Par an.	Par jour.	Par mois.	Par an.
Au Tréſorier, quatre livres trois ſous quatre deniers en paix; & ſix livres treize ſous quatre deniers en guerre, ci..................	4^{l} 3^{s} 4^{d}	125^{l} $//^{s}$ $//^{d}$	1500^{l}	$6^{l}13^{s}$ 4^{d}	200^{l} $//^{s}$ $//^{d}$	2400^{l}
Au Tambour-major, une livre deux ſous deux deniers deux tiers en tout temps, ci...........	1. 2. $2\frac{2}{3}$	33. 6. 8	400.	1. 2. $2\frac{2}{3}$	33. 6. 8	400.
A chacun des ſix Muſiciens, neuf ſous huit deniers en paix; & dix ſous en guerre, ci........	// 9. 8	14.10. //	174.	// 10. //	15. // //	180.
A l'Aumônier, une livre ſept ſous dix deniers en paix; & deux livres ſix deniers deux tiers en guerre, ci...	1. 7. 10	41.15. //	501.	2. // $6\frac{2}{3}$	60.16. 8	730.
Au Chirurgien, une livre treize ſous quatre deniers en paix; & trois livres ſix ſous huit deniers en guerre.	1.13. 4	50. // //	600.	3. 6. 8	100. // //	1200.

OFFICIERS EMPLOYÉS

DANS LES PLACES.

	Par jour.	Par mois.	Par an.			
Au Directeur général, ſoixante-ſix livres treize ſous quatre deniers en paix, ci.................	66.13. 4	2000. // //	24000.			
A chacun des Chefs de départemens généraux, ci-devant Inſpecteurs, juſqu'à leur extinction, trente-trois livres ſix ſous huit deniers en paix, ci................	33. 6. 8	1000. // //	12000.			
A chacun des Chefs de départemens généraux qui remplaceront leſdits Inſpecteurs, ſeize livres treize ſous quatre deniers en paix, ci...	16.13. 4	500. // //	6000.			
Traitement attaché à chaque Chef de département, non compris les anciens Inſpecteurs, huit livres ſix ſous huit deniers en paix, ci....	8. 6. 8	250. // //	3000.			
A chaque Commandant d'École, quinze livres cinq ſous ſix deniers deux tiers en paix, ci.........	15. 5. $6\frac{2}{3}$	458. 6. 8	5500.			
Traitement attaché au Commandement de l'École, cinq livres onze ſous un denier un tiers en paix, ci..	5.11. $1\frac{1}{3}$	166.13. 4	2000.			
A chacun des vingt-trois Colonels Directeurs, onze livres deux ſous deux deniers deux tiers en paix, ci...	11. 2. $2\frac{2}{3}$	333. 6. 8	4000.			
A chacun des vingt-trois Lieutenans-colonels, Sous-directeurs &						

	EN TEMPS DE PAIX.			EN TEMPS DE GUERRE.		
	Par jour.	Par mois.	Par an.	Par jour.	Par mois.	Par an.
Inſpecteurs des manufact.res d'armes, huit livres ſix ſous huit deniers en paix, ci.	8l 6ſ 8d	250l //ſ //d	3000l			
A chacun des trente-cinq Capitaines en premier, attachés aux places, cinq livres onze ſous un denier un tiers en paix, ci.	5.11. 1 $\frac{1}{3}$	166.13. 4	2000.			
Augmentation d'Appointemens, pendant la guerre, aux OFFICIERS *ci-après.*						
Au Directeur général, quarante-une livres treize ſous quatre deniers en guerre, ci.	. . . .	. . . .	. . . . .	41l 13ſ 4d	1250l //ſ //d	15000l
Aux Lieutenans généraux commandans, vingt-ſept livres quinze ſous ſix deniers deux tiers en guerre.	. . . .	. . . .	. . . . .	27.15. 6 $\frac{2}{3}$	833. 6. 8	10000.
Aux Maréchaux-de-camp commandans, dix-neuf livres huit ſous dix deniers deux tiers en guerre, ci...	. . . .	. . . .	. . . . .	19. 8.10 $\frac{2}{3}$	583. 6. 8	7000.
Aux Brigadiers commandans, treize livres dix-ſept ſous neuf deniers un tiers en guerre, ci.	. . . .	. . . .	. . . . .	13.17. 9 $\frac{1}{3}$	416.13. 4	5000.
A l'Officier chargé de la majorité de l'Équipage d'Artillerie, huit livres ſix ſous huit deniers en guerre, ci..	. . . .	. . . .	. . . . .	8. 6. 8	250. // //	3000.
A l'Officier chargé de la direction du parc d'Artillerie, huit livres ſix ſous huit deniers en guerre, ci. . .	. . . .	. . . .	. . . . .	8. 6. 8	250. // //	3000.
A l'Aide-major de l'Équipage & au Sous-directeur du parc, à chacun, quatre livres trois ſous quatre deniers en guerre, ci.	. . . .	. . . .	. . . . .	4. 3. 4	125. // //	1500.

Voulant Sa Majeſté, que la paye de guerre ne ſoit donnée qu'à ceux deſdits régimens, & à celles des compagnies de Mineurs & d'Ouvriers, qui ſerviront en campagne; & que les autres, qui demeureront en garniſon pendant la guerre, ne touchent que la paye réglée pour le temps de paix: Si cependant quelques-uns de ces régimens ou compagnies venoient à être rappelés de l'armée, pour être jetés dans quelques places ou poſtes menacés, l'intention de Sa Majesté est qu'ils continuent de jouir du traitement de guerre jusqu'à la fin de la campagne, comme s'ils étoient restés à ladite armée.

§ 1.

Solde conservée aux Soldats qui se trouveroient déchus de leur paye.

SI dans les changemens qu'occasionnera la nouvelle composition du Corps royal, il se trouvoit des Soldats dont la paye fût moindre que celle qu'ils avoient précédemment, Sa Majesté entend qu'ils conservent l'ancienne, jusqu'à ce qu'ils soient parvenus à une place de haute-paye équivalente.

§ 2.

Traitement en guerre aux Officiers tirés des places.

LORSQUE les Directeurs, Sous-directeurs & Capitaines en premier, employés dans les places du royaume, seront envoyés aux armées, ils jouiront des appointemens accordés, pour le temps de guerre, aux Officiers des mêmes grades, qui y serviront dans les régimens du Corps royal.

§ 3.

Retenue pour linge & chaussure.

SUR la solde de paix réglée à chaque Sergent, Caporal, Appointé, Artificier, Canonnier, Bombardier, Sapeur, Mineur, Ouvrier, Apprentif & Tambour du Corps royal, il sera affecté vingt deniers par jour pour chaque Fourrier & Sergent, & douze deniers pour chacun des autres Soldats, pour s'entretenir de linge & chaussure; & sur la solde qui leur est réglée pour le temps de guerre, il sera pareillement affecté au même usage, vingt-quatre deniers pour chaque Fourrier & Sergent, & seize deniers pour chacun des autres Soldats: les décomptes de cette retenue seront faits tous les quatre mois par le Fourrier, la compagnie étant assemblée, en présence de celui qui la commandera; & le Commandant sera tenu de faire la visite du linge & chaussure, & d'ordonner les réparations qu'il jugera nécessaires: l'argent du décompte sera remis entre les mains du Sergent de chaque escouade, chaque Soldat fera son emplette lui-même en présence

présence de son Sergent qui la payera, & remettra sur le champ audit Soldat le surplus de ce décompte.

54.

LORSQU'UN Soldat du Corps royal, qui auroit été absent par congé, rejoindra sa compagnie sans être convenablement pourvu de linge & de chaussure, après qu'on aura employé pour l'en pourvoir, l'argent de retenue des douze & seize deniers ordonnés par l'article précédent, il sera prélevé sur ce qui lui sera dû de sa solde, la somme nécessaire pour y suppléer, & même pour réparer son habillement, dans le cas où il seroit reconnu être en mauvais état par défaut d'entretien.

55.

Capitaines de Mineurs & d'Ouvriers, chargés des détails de leur compagnie.

LES compagnies de Mineurs & d'Ouvriers, étant destinées à être détachées dans les différentes armées & dans les places, & les Capitaines de ces compagnies étant alors dans la nécessité de faire les détails de leur subsistance, Sa Majesté juge à propos que lesdits Capitaines en soient chargés dans tous les temps; en conséquence, Elle entend que le Trésorier général de l'Artillerie les fasse payer par ses Commis employés dans les places où se trouveront les compagnies de Mineurs & d'Ouvriers; & en campagne, par ceux qui seront attachés aux équipages d'Artillerie; & qu'ils fournissent tous les mois, à chacun des Capitaines desdites compagnies, l'argent nécessaire tant pour la subsistance que pour les menues réparations; & tous les quatre mois le montant de la retenue faite pour linge & chaussure, dont lesdits Capitaines arrêteront les décomptes avec lesdits Commis du Trésorier général: Dans le cas où ces compagnies quitteroient l'armée ou le lieu de leur garnison, les Capitaines arrêteront pareillement le décompte avec le Commis du Trésorier, qui leur donnera une reconnoissance des fonds qui lui resteront en caisse sur ces différentes parties, ainsi que sur les Masses des recrues qui seront établies ci-après.

56

Masse des recrues. Il sera établi une Masse pour les recrues de chacune des compagnies de Canonniers, Bombadiers, Sapeurs, Mineurs & Ouvriers; cette Masse sera de vingt-deux livres par homme sur le pied complet, & servira à la levée des recrues & au rengagement des anciens Canonniers, Bombardiers, Sapeurs, Mineurs & Ouvriers, elle sera payée chaque mois avec la solde, & remise à la caisse de chaque régiment.

57.

L'intention de Sa Majesté est que le travail des recrues soit fait en commun par chaque régiment, compagnie de Mineurs & d'Ouvriers.

58.

Et comme Sa Majesté veut être informée de l'administration de ladite Masse des recrues, Elle entend que le Major de chaque régiment, ou sous son autorité l'un des Aides-major, tienne un registre dont les premières & dernières feuilles seront signées, & tous les feuillets cotés & paraphés par le Commissaire des guerres & du Corps royal, chargé de la police du régiment & des compagnies de Mineurs & d'Ouvriers; sur lequel registre, ledit Major portera toutes les recettes & dépenses par lui faites, tant pour les engagemens des hommes de recrue, que pour les rengagemens échus ou à échoir des bas Officiers ou anciens Canonniers, Bombardiers, Sapeurs, Mineurs & Ouvriers, lesquelles recettes & dépenses seront expliquées en détail, avec la date des jours qu'elles auront été faites.

59.

Il sera adressé par ledit Major, le 1.er de Septembre de chaque année, au Secrétaire d'État ayant le département de la guerre, un état sommaire de ladite Masse, tant en recette qu'en dépense; lequel état sera certifié par lui, visé du Commandant du régiment, & arrêté par le Commissaire du Corps royal qui en aura la police : il remettra d'ailleurs au Directeur général, lors de sa revue, un second état dans la forme ci-dessus prescrite, pour être joint à ladite revue.

60.

L'ARGENT de cette Masse appartiendra à tout le Corps en général, & le compte de la dépense de toutes les recrues qui auront été faites pour chaque régiment, sera arrêté tous les ans par le Directeur général, lors de sa revue, en présence du Colonel, du Lieutenant-colonel, du Major & des deux premiers Capitaines.

61.

MAIS Sa Majesté en établissant une Masse de vingt-deux livres par homme, au complet, dans les régimens du Corps royal de l'Artillerie, ayant en vue de satisfaire au payement des hautes-payes, accordées par l'Ordonnance du 9 décembre dernier, aux anciens Canonniers, Bombardiers, Sapeurs, Mineurs & Ouvriers; son intention est que sur le produit de ladite Masse, il soit prélevé une somme de neuf mille livres par régiment, de cinq cents livres par compagnie de Mineurs, & de quatre cents livres par compagnie d'Ouvriers, lesquelles sommes seront uniquement affectées au payement des hautes-payes; défendant Sa Majesté, qu'elles soient employées à d'autre objet que celui auquel elles sont destinées : Dans le cas où elles deviendroient insuffisantes, il y sera pourvu par Sa Majesté.

62.

LE bénéfice qui se fera sur le fonds destiné pour les recrues, sera réservé, & il n'en sera disposé en aucune manière sans les ordres de Sa Majesté.

63.

ET si par une négligence prouvée des Officiers, la

dépenſe des recrues excédoit le fonds qui y eſt aſſigné, cet excédant ſeroit retenu ſur les appointemens de tous les Officiers du corps; Sa Majeſté ſe réſervant d'ordonner la punition qu'auroit encourue particulièrement le Commandant.

64.

Le temps du ſervice des hommes de recrue, ſera de huit années, & le prix de leur engagement demeurera fixé à la ſomme de quarante livres, indépendamment du *pour-boire*, qui n'excédera jamais pareille ſomme de quarante livres.

65.

Tout bas Officier ou Soldat qui aura contracté un premier engagement de huit ans, & qui deſirera continuer ſon ſervice dans le même régiment ou la même compagnie de Mineurs ou d'Ouvriers, pourra ſe rengager après la ſixième année de ſon engagement, pour huit autres années qui commenceront à courir à l'expiration de ſon premier engagement; il recevra ſur le champ quinze livres du fonds de la Maſſe des recrues, & pareille ſomme de quinze livres à l'époque à laquelle commencera ſon rengagement, ou trente livres en un ſeul payement, s'il ne ſe rengage qu'après ſon premier engagement révolu.

66.

Sa Majesté permet cependant à ceux qui ne voudront pas contracter un ſecond engagement de huit ans, de ne ſe rengager que pour quatre ans, & alors ils recevront quinze livres ſeulement à l'expiration de leur premier engagement.

67.

Tout Capitaine, Lieutenant en premier, ou Lieutenant en ſecond, qui aura obtenu un congé pour tenir lieu de ſemeſtre, ſera tenu de faire deux hommes de recrue, lorſque le beſoin du corps l'exigera, ſur les ordres qui lui en ſeront donnés par le Commandant du corps, & après que celui-ci celui-ci y aura été autorisé par le Directeur général. Ces hommes équipés de deux chemises, un col, une paire de souliers, une paire de guêtres & un havresac, seront payés auxdits Officiers sur le pied de quarante livres chaque homme, indépendamment du *pour-boire* qui n'excédera jamais pareille somme de quarante livres, ainsi qu'il est dit ci-dessus. Ils recevront de plus deux sous par lieue pour chacun desdits hommes, depuis le lieu où il sera justifié qu'il aura été engagé, jusqu'à la garnison du régiment; lesquelles sommes seront comptées auxdits Officiers sur la Masse destinée aux recrues par le Major du régiment, après toutefois que lesdits hommes auront été reçus par le Directeur général; Sa Majesté voulant qu'il ne soit rien payé auxdits Officiers de semestre pour les hommes qui ne seroient pas recevables, qui auroient déserté en route, qui appartenans à d'autres corps, auroient été engagés, ou qui seroient Grenadiers ou Soldats des régimens provinciaux; ordonnant Sa Majesté qu'il soit retenu sur les appointemens des Officiers qui rejoindront leur corps, sans avoir rempli la condition qui leur est imposée, une somme de cent livres pour chacun des hommes qu'ils auroient dû faire, & que le produit de cette retenue soit remis à ladite Masse des recrues.

68.

ENTEND Sa Majesté que chacun des bas Officiers & Soldats, qui, ayant eu un congé, amènera un homme de recrue, soit noté pour obtenir un nouveau congé l'année suivante, & ledit homme de recrue, après avoir été reçu au corps, lui sera payé sur la Masse des recrues conformément à l'article ci-dessus.

69.

TOUT Officier, bas Officier ou Soldat qui aura engagé un homme, sera tenu de le présenter dans les vingt-quatre heures au Commissaire des guerres, ou au Subdélégué du lieu où ledit engagement aura été contracté, & à leur défaut, aux Maire & Echevins dudit lieu; & ce ne sera que ſur les certificats qu'ils rapporteront, qui conſtateront ledit engagement & le payement qui aura été fait en conſéquence, qu'ils pourront répéter les frais qu'ils auront faits, s'ils perdoient ledit homme par mort.

70.

SA MAJESTÉ voulant traiter favorablement ceux des Soldats qui ſont, par différentes raiſons, indiſpenſablement néceſſaires à leur famille, Elle a réglé qu'il leur ſeroit accordé des congés abſolus à raiſon de cinq hommes par bataillon, & d'un ſeul par compagnie d'Ouvriers ou de Mineurs; déclarant Sa Majeſté qu'il ne ſera expédié aucun congé au-delà dudit nombre, ſans ſes ordres. Il ſera payé pour chacun de ces congés abſolus, quatre cents livres au moins.

71.

Taille des recrues.

SA MAJESTÉ défend expreſſément à tout Colonel, Lieutenant-colonel, Major, & à tout Officier qui ſe trouveroit commander le Corps, de recèvoir aucun homme de recrue au-deſſous de la taille de cinq pieds trois pouces ſix lignes, meſuré pieds nus, & qui ne ſoit fort & de bonne conſtitution, de l'âge de ſeize ans accomplis, juſqu'à trente-cinq pendant la paix; & auſſi de l'âge de ſeize ans accomplis juſqu'à quarante pendant la guerre.

72.

VEUT Sa Majeſté que les compagnies de Mineurs ſe procurent, dans chaque compagnie au moins, trois Menuiſiers ou Charpentiers, un Forgeur qui ſoit Taillandier, s'il eſt poſſible, & le plus de Maçons & de Tailleurs-de-pierre que faire ſe pourra; les compagnies d'Ouvriers, n'engageront que des hommes déjà inſtruits dans les métiers propres au ſervice de l'Artillerie.

73.

LES Capitaines de Mineurs & d'Ouvriers, avec l'agrément du Directeur général, & d'après le compte qui lui en aura été rendu par le Commandant de chaque régiment, pour la compagnie de Mineurs qui y est attachée, & par les Directeurs d'arſenaux, ſous les ordres deſquels ſe trouveront celles d'Ouvriers, auront la liberté de renvoyer les Soldats de leur compagnie qui ſe trouveront ſans aptitude & peu convenables pour le ſervice.

74.

Il ſera rendu compte tous les trois mois des deniers de la Maſſe affectée pour les recrues, par les Capitaines de Mineurs, aux Commandans des régimens auxquels leur compagnie ſera attachée; & par les Capitaines d'Ouvriers au Directeur de l'arſenal, aux ordres deſquels ils ſeront; & les décomptes de ces compagnies, ſeront arrêtés par le Directeur général à chacune des revues d'inſpection: il en ſera uſé de même à l'égard des décomptes à faire aux régimens du Corps royal de l'Artillerie.

75.

Défenſe de donner aucun congé abſolu.

Défend Sa Majeſté à tous les Officiers des régimens, des compagnies de Mineurs & d'Ouvriers du Corps royal de l'Artillerie, de donner aucun congé abſolu, ſans y être autoriſé par Sa Majeſté.

76.

Armement & équipement fournis par le Roi.

Sa Majesté fera fournir aux ſept régimens du Corps royal, & aux compagnies de Mineurs & d'Ouvriers, l'armement & l'équipement dont ils pourront avoir beſoin.

77.

Maſſe de l'habillement.

La Maſſe de l'habillement des ſept régimens & des compagnies de Mineurs & d'Ouvriers du Corps royal, ſera établie ſur le pied, par jour, de deux ſous par chaque Fourrier, Sergent, Tambour-major, Muſicien & Tambour; & d'un ſou ſeulement pour chaque Caporal, Appointé, Canonnier, Bombardier, Artificier, Sapeur, Mineur & Ouvrier; laquelle Maſſe ſera toujours payée ſur le pied complet, & reſtera entre les mains du Tréſorier général du Corps royal, ou de ſes Commis : Sa Majeſté ſe réſerve l'adminiſtration directe de ladite Maſſe, dont l'emploi ſera fait en conſéquence des ordres qu'Elle donnera pour faire habiller & équiper leſdits régimens & compagnies.

78.

Petite Maſſe d'entretien.

QUANT aux réparations journalières qu'il ſera néceſſaire de faire à l'habillement, équipement & armement deſdits régimens & compagnies de Mineurs & d'Ouvriers, Sa Majeſté ayant égard à leurs différens travaux, tant aux arſenaux qu'aux écoles, qui doivent rendre leſdites réparations plus fréquentes & plus conſidérables ; ſon intention eſt que la Maſſe deſdites réparations, ſoit portée pour chaque homme, de cinq livres à ſix livres par an, en tout temps, laquelle ſera payée ſur le pied complet, & remiſe tous les mois à la caiſſe de chaque régiment, pour ce qui concerne les régimens ; & entre les mains du Commis du Tréſorier général, pour ce qui concerne les compagnies de Mineurs & d'Ouvriers. Cette maſſe ſera employée aux ſuſdites réparations par les Fourriers de chaque compagnie, & elle ſera dirigée par les Aides-major, ſous l'inſpection des Majors des régimens : Celle des compagnies de Mineurs, ſera employée ſous la même inſpection ; quant à celle d'Ouvriers, les Fourriers en feront l'emploi ſous la direction des Capitaines ou Commandans deſdites compagnies.

79.

Adminiſtration de ladite Maſſe.

CHAQUE Fourrier des régimens & des compagnies de Mineurs, remettra tous les mois à l'Aide-major, un état détaillé de la recette & de la dépenſe de ladite Maſſe, certifié par le Capitaine de la compagnie ; de ces différens états, il en ſera formé tous les ſix mois un état général abrégé, ſigné de l'Aide-major & du Tréſorier, vérifié par le Major, & viſé par le Commandant du régiment : cet état ſera adreſſé au Secrétaire d'État ayant le département de la guerre.

Dans

Dans chaque compagnie d'Ouvriers, le Fourrier remettra à la fin de chaque mois, un pareil état détaillé, de recette & de dépense de ladite Masse, signé de lui & de deux Officiers de la compagnie; le Commandant le visera, & tous les six mois il en sera arrêté un état abrégé, signé du Fourrier, & vérifié par le Commandant de la compagnie, pour être ensuite adressé au Secrétaire d'État ayant le département de la guerre.

80.

L'INTENTION de Sa Majesté est, que sur cette Masse de six livres par an, il soit donné à chaque Tambour, une haute-paye d'un sou par jour; au moyen de laquelle, lesdits Tambours devront entretenir leurs caisses de peaux & de cordages, & se fournir de baguettes.

Un sou pour l'entretien des Caisses des Tambours.

Les frais de registres, d'imprimés, de papiers, encre, cire d'Espagne, plumes & autres menues dépenses que la régie des régimens & compagnies de Mineurs & Ouvriers pourra occasionner, seront compris dans les états de dépense, sur les Masses affectées à l'entretien desdites troupes.

Frais de Bureau.

81.

AU moyen des dispositions de la présente Ordonnance, les Capitaines des compagnies, jouiront de leurs appointemens en entier, à la seule retenue près, qui leur sera faite des quatre deniers pour livre, tant desdits appointemens, que du montant de la solde des hommes de leur compagnie, dont la paye sera moindre de sept sous par jour. A l'égard des autres Officiers & des hautes-payes, ils supporteront eux-mêmes, sur leurs appointemens & solde, ladite retenue.

Retenue des quatre deniers pour livre.

82.

L'INTENTION de Sa Majesté est, que les Capitaines des sept régimens de son Corps royal, veillent avec attention à tout ce qui pourra contribuer au bien-être des Soldats & à leur entretien; déclarant qu'Elle fera punir sévèrement, suivant l'exigence des cas, ceux qui y auront apporté quelque négligence.

Capitaines chargés de veiller à la conservation de leur Troupe.

83.

Bourse du Soldat.

SA MAJESTÉ voulant qu'il ſoit formé dans chaque régiment de ſon Corps royal, & dans chaque compagnie de Mineurs & d'Ouvriers, une Maſſe qui reçoive toutes les années de nouveaux accroiſſemens, & qui ſera dépoſée dans la caiſſe du régiment ou de la compagnie; Elle ordonne que lors du compte à faire à chaque Sergent ou Soldat qui aura été abſent par congé limité, il ſoit prélevé ſur ſa ſolde entière, la retenue du linge & chauſſure; & celle des quatre deniers pour livre, pour ceux qui ſeront dans le cas de la ſupporter: Que du reſtant de ladite ſolde, il en ſoit donné moitié au Sergent ou Soldat qui aura rejoint à l'expiration de ſon congé, l'autre moitié devant être miſe dans ladite caiſſe: Que ceux qui ne rejoindront que dans l'eſpace de trente jours après l'expiration de leur congé, ne touchent que le quart du reſtant de ladite ſolde, les trois autres quarts devant être remis dans ladite caiſſe; & enfin, que ceux qui rejoindront plus tard que les trente jours, ne touchent rien du reſtant de leur ſolde.

84.

Répartition de cette Bourſe.

IL ſera fait tous les ans, ſix ſemaines après l'expiration des congés de ſemeſtre, un état du produit de cette Maſſe qui ſera diviſée par portion égale entre les Sergens & Soldats qui compoſeront pour lors chaque régiment ou compagnie, pour former à chacun d'eux une bourſe particulière, qui reſtera cependant dans la caiſſe, & ne ſera donnée à chaque Sergent ou Soldat, que lorſqu'il aura obtenu quelque place ou retraite, ou que ſon congé abſolu lui ſera délivré. L'état du produit de cette Maſſe ſera fait dans les régimens par le Tréſorier, certifié par l'Aide-major, vérifié par le Major, & approuvé par le Commandant du régiment; il ſera fait dans les compagnies de Mineurs par le Fourrier, certifié par le Capitaine, & approuvé par le Commandant du régiment auquel elles ſeront attachées; & dans celles d'Ouvriers, par le Fourrier, certifié par le Capitaine, & approuvé par les Directeurs aux ordres desquels elles seront. Ces fonds resteront dans la caisse des régimens, & ne seront délivrés que sur les ordres du Directeur général; ceux des compagnies de Mineurs & d'Ouvriers resteront dans la caisse des Commis du Trésorier général du Corps royal, qui en fourniront leur reconnoissance aux Capitaines, & ne délivreront ces fonds que sur les ordres du Directeur général.

Les bourses particulières de ceux qui mourront, seront réunies à la Masse commune, pour être comprises dans la répartition suivante, qui se fera toujours six semaines après l'expiration des congés de semestre. Il en sera de même de celles des Soldats qui pourroient déserter, après avoir prélevé ce qu'ils auroient pu emporter du prêt.

A chaque revue d'inspection, il sera donné au Directeur général un état de ladite Masse, qui en constatera la recette, la dépense, l'état actuel, & le montant de la bourse de chaque Sergent ou Soldat.

85.

Uniforme des Régimens.

L'UNIFORME des compagnies de Canonniers, Bombardiers & Sapeurs continuera, pour le justaucorps, d'être de drap bleu, avec paremens, collet & doublure rouges, il sera croisé par-derrière, & garni d'une bande sur le devant, ouverte de douze boutonnières; la poche en travers, garnie de quatre boutons, ainsi que le parement; un bouton sur chaque hanche, & un dans le pli. Chaque justaucorps sera garni d'une épaulette de drap bleu, fixée avec un petit bouton de veste.

La veste sera de drap rouge, doublée de cadis blanc, garnie d'un seul côté de douze petits boutons sur le devant; les poches ouvertes, coupées en travers, garnies de quatre boutons.

La culotte sera de tricot rouge, garnie d'un caleçon de toile rousse, détaché de la culotte pour doublure.

Les boutons seront de forme plate, & ils seront numérotés 47.

Le chapeau sera bordé d'un galon d'argent large de

ſeize lignes pour les Fourriers, Sergens & Tambours-majors; & d'un galon de même largeur, en fil blanc, pour le ſurplus des compagnies.

Des compagnies de Mineurs.

Le juſtaucorps des Fourriers, Sergens, Caporaux, Appointés & Fuſiliers des compagnies de Mineurs, ſera de même que pour les régimens.

La veſte & la culotte ſeront de drap gris-de-fer, & le ſurplus de l'uniforme ſera de même que pour les régimens.

Des compagnies d'Ouvriers.

Le juſtaucorps des compagnies d'Ouvriers ſera auſſi le même que celui des régimens; il ſera de plus ajouté un revers de drap rouge, de la longueur de ſeize à dix-huit pouces au plus ſur trois pouces & demi de large, garni de cinq petits boutons de veſte de chaque côté.

La veſte & la culotte des Ouvriers ſeront les mêmes que celles des Canonniers, Bombardiers & Sapeurs; mais la veſte ſera garnie à la manche d'une petite patelette rouge.

Des Tambours.

Les Tambours du Corps royal, continueront de porter la petite livrée de Sa Majeſté. Les juſtaucorps ſeront bordés d'un petit galon large de neuf lignes, & garnis ſur le devant de ſix brandebourgs d'un galon large de dix-huit lignes, placés par un, deux & trois.

Les manches ſeront bardées ſur le dehors du bras de ſept bandes de petit galon, couſues en travers d'une couture à l'autre, à diſtance égale, & les paremens ſeront garnis de deux brandebourgs chacun.

Les Tambours des Ouvriers, porteront les revers réglés pour les compagnies d'Ouvriers, ils ſeront bordés d'un petit galon de livrée de Sa Majeſté, large de neuf lignes, & le deſſous, à l'endroit de la taille, ſera garni de trois brandebourgs ſeulement. Le ſurplus deſdits juſtaucorps, ſera conforme à ce qui eſt réglé pour les Tambours des autres compagnies.

Ils porteront les uns & les autres, les veſtes & les culottes des couleurs réglées pour les compagnies auxquelles ils ſont attachés.

Du Tambour-major.

La caſaque du Tambour-major de chaque régiment, ſera de même que celle des Tambours ordinaires; elle ſera

ſera de plus galonnée d'un galon de même livrée de neuf lignes de large ſur toutes les coutures, & garnie d'un double bordé de galon d'or fin de douze lignes de large aux paremens en place des brandebourgs.

Des Muſiciens.

Les ſix Muſiciens de chaque régiment, auront le juſtaucorps avec les paremens de drap bleu, doublure & collet rouges, un galon d'or fin large de neuf lignes ſur le collet & les paremens, la veſte & la culotte rouges, le chapeau bordé comme celui du Tambour-major.

Le parement du juſtaucorps uniforme, ſera d'environ cinq pouces de hauteur, le collet aura trois pouces & demi de largeur, pour qu'il en demeure en dehors deux & demi apparens.

Les boutonnières ſeront en poil de chèvre, de la couleur de l'étoffe ſur laquelle elles ſeront appliquées, celles des autres couleurs étant expreſſément défendues.

Uniforme des Officiers.

L'uniforme des Officiers ſera ſemblable à celui des Soldats, & ne différera que par la qualité des draps plus fins & des boutons qui ſeront dorés.

Les Officiers ne pourront porter, ſous quelque prétexte que ce ſoit, aucune doublure de ſoie, galon en fil d'or ou d'argent à leur uniforme, non plus qu'aux redingottes ou manteaux de drap qu'ils auront à la tête de leur troupe.

Diſtinctions pour les différens grades.

Le Colonel portera une épaulette de chaque côté en or, ornée de franges riches & nœuds de cordelières.

Le Lieutenant-colonel portera à gauche une ſeule épaulette ſemblable à celles du Colonel.

Le Major portera une épaulette de chaque côté en or, ornée de franges ſeulement, ſans nœuds de cordelières.

Les Capitaines, les Aides-major ou Sous-aides-major qui auront la commiſſion de Capitaine, porteront une ſeule épaulette en or, ornée de franges comme celles du Major.

Les Lieutenans & Sous-aides-major, ſans commiſſion de Capitaine, porteront une épaulette à fond de treſſe d'or, loſangée de ſoie rouge.

Les Quartiers-maîtres & les Porte-drapeaux porteront une épaulette en treſſe de ſoie rouge liſérée d'or.

Les Officiers ne pourront porter que les distinctions réglées & déterminées pour les emplois qu'ils exerceront dans le Corps, encore qu'ils fussent pourvus de commissions de grades supérieurs.

Les Sergens seront distingués par un bordé de galon d'or de douze lignes de large au-dessus du parement.

Les Fourriers le seront par une double bande de même galon que les Sergens, cousue sur le dehors de chaque manche au-dessus du plis du bras.

Les Caporaux porteront au-dessus du parement un double bordé d'un galon de laine aurore de dix lignes.

Les Appointés ne porteront que le simple bordé de même galon au-dessus du parement.

Des six premiers Canonniers, Bombardiers, Artificiers & Sapeurs de chaque compagnie, les trois plus anciens porteront sur l'avant-bras gauche seulement, une double bande de galon pareil à celui des Caporaux & cousue en chevron; & les quatre moins anciens, n'auront sur le même bras qu'un simple galon placé de même.

Uniforme des Gardes, Artificiers & Conducteurs d'Artillerie.

Les Gardes-magasins d'Artillerie & les Artificiers, porteront un justaucorps de drap bleu doublé de rouge avec poches en travers, paremens de velours ou panne gris-de-fer, boutons jaunes jusqu'à la taille & numérotés 47, veste & culotte rouges, la veste à un seul rang de boutons jusqu'à la poche. Ceux qui auront été conducteurs de charrois ou Sergens, porteront de plus un collet de même couleur que les paremens.

Les Conducteurs de charrois, porteront le même uniforme que les Gardes d'Artillerie, avec cette seule différence, que les paremens seront de drap gris-de-fer.

Les Gardes d'Artillerie ou Artificiers, qui auront été Officiers dans le Corps royal, continueront de porter leur uniforme d'Officier.

86.

Partage d'autorité entre les Commandans

LES Colonels, ou en leur absence les Commandans de chaque régiment du Corps royal de l'Artillerie, seront personnellement chargés, & même responsables, de la tenue générale, ainſi que de la diſcipline intérieure & des exercices & inſtructions d'Infanterie; ils le feront auſſi du détail des finances de leur régiment, dont ils ne rendront compte qu'au Secrétaire d'Etat ayant le département de la guerre, & au Directeur général du Corps royal, auxquels ils s'adreſſeront directement pour les demandes qu'ils auront à faire ſur quelqu'un de ces objets: Entend néanmoins Sa Majeſté, que chaque régiment du Corps royal ſoit ſous l'autorité immédiate du Commandant en chef de l'école d'Artillerie à laquelle il ſera attaché, tant pour le ſervice de ladite école, que pour les inſtructions de théorie & de pratique; & que le Colonel ou Commandant, ne puiſſe employer ſa troupe à aucune autre fonction, ſans en prévenir le Commandant en chef de l'école, qui ne pourra s'y oppoſer que pour raiſon du ſervice particulier ou des inſtructions de ladite école: Le Commandant du régiment aura attention d'informer celui de l'école, de la ſituation & de la force de la troupe, afin que ce Commandant puiſſe régler en conſéquence les demandes pour les détachemens néceſſaires au ſervice de l'école.

en chef des Écoles; & les Colonels des Régimens.

87.

Procès-verbaux des Commiſſaires.

L'INTENTION de Sa Majeſté eſt, qu'il ſoit dreſſé par les Commiſſaires des guerres & du Corps royal, qui ſeront préſens à l'exécution de la préſente Ordonnance, des procès-verbaux de la nouvelle compoſition des régimens, compagnies de Mineurs & d'Ouvriers; laquelle aura lieu à commencer du 1.er du mois d'Octobre prochain: Voulant Sa Majeſté que les appointemens, la ſolde & les Maſſes, ſoient établis ainſi qu'il eſt réglé, à dater dudit jour 1.er Octobre. Les Commiſſaires des guerres & du Corps royal, remettront au Tréſorier une expédition du procès-verbal qu'ils auront dreſſé: Entend auſſi Sa Majeſté, qu'il en ſoit envoyé un double au Secrétaire d'État ayant le département de la guerre.

88.

Défenſe de rien innover.

RIEN n'étant plus contraire au bien du ſervice, que les innovations que quelques Chefs de corps ſe permettent, ſous prétexte des avantages qu'ils jugent toujours que l'on en peut retirer; Sa Majeſté défend expreſſément à tout Officier, de quelque grade qu'il ſoit, d'introduire ou d'admettre aucune diſpoſition qui ſeroit contraire, ou qui ne ſeroit pas preſcrite par la préſente Ordonnance, ou par celles auxquelles Elle n'a pas dérogé; ordonnant Sa Majeſté aux Officiers généraux, qu'Elle a chargés de l'opération de la nouvelle compoſition, d'informer exactement le Secrétaire d'État ayant le département de la guerre, des différences qu'ils remarqueront dans l'exécution deſdites Ordonnances, & du nom des Officiers qui y auront donné lieu, pour qu'il lui en ſoit rendu compte particulièrement.

MANDE & ordonne Sa Majeſté aux Officiers généraux ayant commandement ſur ſes troupes, aux Gouverneurs & Lieutenans généraux dans ſes provinces, aux Gouverneurs & Commandans dans ſes villes & places, au Directeur général, aux Chefs de départemens généraux du Corps royal de l'Artillerie, aux Intendans dans ſes provinces & ſur ſes frontières, aux Commiſſaires des guerres & du Corps royal de l'Artillerie, & à tous autres ſes Officiers qu'il appartiendra, de tenir la main à l'exécution de la préſente Ordonnance; dérogeant à toute autre qui lui ſeroit contraire, & notamment à celle du 13 août 1765, pour tous les articles qui ne ſe trouvent point conformes à ceux qu'Elle a jugé à propos de régler par la préſente. FAIT à Compiegne le vingt-trois août mil ſept cent ſoixante-douze. *Signé* LOUIS. *Et plus bas,* MONTEYNARD.

A PARIS, DE L'IMPRIMERIE ROYALE. 1772.

www.ingramcontent.com/pod-product-compliance
Ingram Content Group UK Ltd.
Pitfield, Milton Keynes, MK11 3LW, UK
UKHW022000260726
13994UKWH00004B/1876

9 782329 358840